Marie-Hélène Lau
Ilustraciones de Vivila

# Cuaderno práctico

## Para...
## dar sentido a la vida

MALINKA
L I B R O S

Título original
*Cahier pratique pour... donner un sens à sa vie*
© 2010 Éditions ESI
60, rue Vitruve, 75020 Paris (France)

Primera edición : septiembre de 2012
Segunda edición : septiembre de 2014
Publicado por Malinka Libros
© de esta edición : Terapias Verdes, S. L.
Pau Claris, 167, 08037 Barcelona
www.terapiasverdes.com
ediciones@terapiasverdes.com
© de la traducción: Joachim De Nys

Ilustraciones: Vivilablonde

Fotocomposición: Víctor Igual, S. L.
Aragón, 390, 08013 Barcelona
Impresión: Sagrafic, S. L.
Plaza Urquinaona, 14
08010 Barcelona

Depósito legal: B-21.030-2012
ISBN: 978-84-15322-28-3

# Dar sentido a la vida...*

«¿Tiene mi vida sentido?» Entre pensamiento furtivo y verdadera búsqueda, entre dudas o certezas, esta pregunta nos asalta a todos, en un momento u otro. Si el sentido mismo de la existencia es una cuestión que atañe más bien a la filosofía, dar un sentido a nuestras vidas, a nuestro quehacer cotidiano, está en cambio al alcance de cualquiera de nosotros.

A menudo, es desgraciadamente un acontecimiento doloroso lo que nos induce a contemplar de otra forma la existencia en general y la nuestra en particular. En esos instantes, el sentido de la vida se nos muestra como una evidencia. Pero el aburrimiento, el día a día que nos supera, la repetición de situaciones vitales que no nos convienen, los sentimientos que se apagan o incluso un simple malestar son signos diversos que es preciso descodificar, mensajes que nos incitan igualmente a buscar respuestas, con el fin de descubrir aquello «para lo cual» estamos aquí, ínfimos eslabones de una inmensa cadena universal. ¿Pero por dónde empezar? ¿Dónde buscar?

Aunque el proceso es ante todo personal, incluso espiritual, podemos encontrar nuestro camino siguiendo algunos grandes principios, sumergiéndonos en el corazón de nosotros mismos y abriéndonos a los demás. Un camino que nos conducirá a una cierta forma de realización.

* Para aligerar el texto, utilizaremos el género masculino, aunque, como es lógico, el cuaderno implica por igual a mujeres y hombres. (*Nota de la editorial.*)

# Antes...

Chloé lo tiene todo para ser feliz... Le atrae particularmente la decoración, pero finalmente ha aparcado su sensibilidad artística para hacer estudios en el sector bancario, más lucrativo. Actualmente es la encargada de la clientela en la filial parisina de un gran grupo, está casada con Cyril y es madre de Mathieu, de 5 años, y de Thomas, de 7.

Cuando su marido, ingeniero, fue trasladado a una ciudad de provincias, Chloé recibió de forma casi instantánea una oferta para ocupar un puesto de directora de una nueva agencia, en Burdeos. Un buen ascenso, que le garantizaba la vida que siempre había imaginado: una hermosa casa para ella y su familia, un tren de vida confortable que le permitía ofrecerse interesantes viajes... En suma, un día a día que despertaba la envidia de muchos de sus amigos.

Pero, desde hace poco, Chloé se aburre... Entre sus nuevas responsabilidades, sus idas y venidas a París, su papel de jefe de orquesta, a veces severo, y un quehacer cotidiano regulado al milímetro, poco a poco va perdiendo su hermosa sonrisa, padece súbitas alergias, ya no tiene prácticamente tiempo para disfrutar de sus hijos y cada vez más a menudo se va a trabajar a regañadientes... *«¿Por qué soy así? No nos falta de nada... ¡Lo tengo todo para ser feliz!»*
De hecho, Chloé tiene la creciente impresión de que, pese a las apariencias, se le está escapando la vida...

# Capítulo 1

# ¿Qué es dar un sentido a la vida?

**Aunque la pregunta parezca sencilla, existen prácticamente tantas respuestas como hombres hay en la tierra... ¡Y otras tantas formas de lograrlo! Entonces, ¿qué se entiende por «el sentido de la vida» y cómo se forma?**

> Hola, busco el sentido de la vida. ¿Es por allí?

RECEPCIÓN

> ¡Sí señor, efectivamente, por allí es!

# ¿Quién soy? ¿Adónde voy? En qué estado deambulo...

Si la fórmula revisitada por el cómico francés Coluche puede hacer sonreír, resume por sí sola uno de los grandes interrogantes al que tratan de hallar respuesta filósofos, pensadores, poetas, sabios u hombres de fe —por no decir la humanidad entera— desde la noche de los tiempos. Un día, esta pregunta acerca del sentido se impone a nosotros en nuestra cotidianidad o de resultas de un acontecimiento doloroso. Nos incita a detenernos un instante y a tomar conciencia de quienes somos, de nuestros valores profundos, de lo que hacemos y de adónde queremos ir... Pero antes de encontrar nuestro camino, de descubrir aquello por lo cual estamos aquí, conviene examinar un momento la definición de la palabra «sentido»

## Definición

Sentido: nombre masc.

I. (lat.) sensus, de sentire, que significa sentir. Idea inteligible a la cual puede remitirse un pensamiento y que sirve para explicar, para justificar. Sinónimo: designación, expresión, razón de ser. contr.: absurdidad, sinrazón, sinsentido...

II. (al.) sinno, que significa dirección. Orientación, vía que se debe seguir para llegar a un lugar, dirección que toma una cosa.

# Dar una dirección

Para la mayoría de nosotros, dar un sentido a nuestra vida consiste en primer lugar en darle una dirección, seguir un camino, una ruta, que perfilamos nosotros mismos conforme avanzamos, o que está trazada de antemano. Esta definición podría representarse por una línea horizontal que une un punto A con un punto B. Esta concepción del sentido de la vida, sinónima de vocación, de misión, de destino, se expresa mediante la realización de un proyecto, la consecución de un objetivo personal.

«¿Quién sabe si la razón de la existencia del hombre no está en su existencia misma?»

**Julien Offray de La Mettrie (*El hombre máquina*)**

# El rincón del psicólogo

«¿Cuál sería tu definición
del sentido de la vida?»

_____

_____

_____

_____

_____

_____

## ¿Esencial o superfluo?

La sociedad «moderna» ha transformado hábilmente lo
superfluo en esencial. Estamos localizables en cualquier
lugar y en cualquier momento, coleccionamos «amigos»
en las redes sociales, hacemos malabarismos con nuestros
«perfiles»… Nuestra felicidad, nuestra salud, nuestro «ser»
pasan por el consumo de nuevos productos, presentados a
menudo como signos «identitarios», y por la identificación
con modelos creados de arriba abajo. Obsesionados con
lo que nos falta, tendemos a perder de vista lo esencial,
esto es, saber lo que somos verdaderamente y dónde se
encuentran nuestras verdaderas necesidades, cuáles son
nuestros verdaderos valores.

# Encontrar un significado

Dar sentido a la vida equivale también a atribuirle un significado, otorgarle una «conciencia». Nos hallamos aquí ante una línea vertical, más intelectual, espiritual, sobre la cual figuran nuestras creencias, nuestras ideas, nuestras elecciones, nuestras aspiraciones, nuestros deseos, y que, simbólicamente, nos permite elevarnos. Cada instante, cada gesto, cada pensamiento se inscribe en un gran conjunto, una lógica personal, que dará una existencia propia a lo que somos y que nos permitirá revelarnos a nosotros mismos.

¿Quiere darle un sentido a su vida? Ningún problema... basta con que me dé su número de cuenta.

¡Pues claro! ¿Cuánto es?

## ¿Guía o gurú?

Los momentos de duda, de malestar o de introspección nos hacen en general más vulnerables y abren a menudo brechas en las que pueden colarse individuos poco escrupulosos. Pseudoterapias, movimientos sectarios, grupos de oración, tratamientos de salud dudosos... Las derivas son legión. Con la excusa de «darnos» las respuestas que buscamos, nos arrastran a una forma de dependencia que puede volverse peligrosa, incluso destructiva... ¡Y que resulta muy onerosa! ¡Seamos vigilantes!

## El rincón del psicólogo

«¿Qué dirección deseas darle
a tu vida?»

_____
_____
_____
_____
_____

## El rincón del psicólogo

«Hoy en día, ¿qué sentido tiene
tu vida?»

_____
_____
_____
_____
_____

# La pirámide de las necesidades

El psicólogo americano Abraham Maslow, iniciador de la psicología humanista, se dio a conocer sobre todo a través de sus estudios sobre la motivación, llevados a cabo en los años 40-50, que le llevaron a clasificar las diferentes necesidades humanas por orden de importancia. Esta « pirámide de las necesidades», cada vez más cuestionada, jerarquiza la construcción de la personalidad. Según Maslow, la autorrealización —la finalidad del ser humano— sólo es posible tras haber satisfecho, en un orden preciso, determinadas necesidades (véase nuestro esquema). Dar un sentido a la vida, realizarse, sería pues... la última de las necesidades.

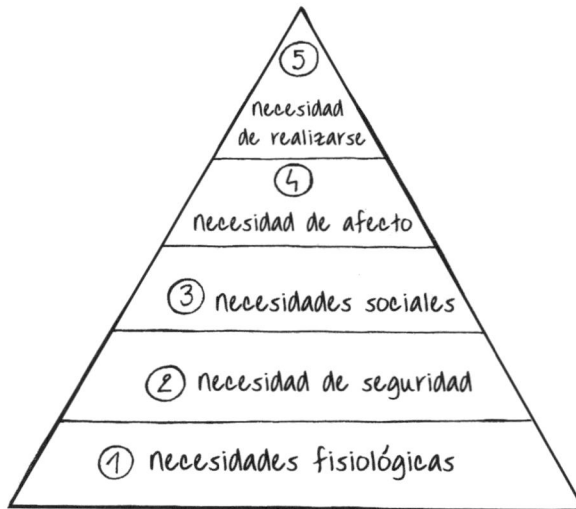

Sin embargo, todas nuestras necesidades, sean cuales sean, pueden contribuir de igual forma a dar sentido a nuestra existencia. Si bien estamos obligados a alimentarnos cada día, nuestras comidas, por ejemplo, pueden convertirse en momentos de convivencia, de reparto y de intercambio y dejar de ser la simple satisfacción de una necesidad fisiológica...

# Dar sentido a la vida pasa por 5 etapas esenciales

• **Hacer fructificar nuestros talentos**

Todos poseemos un talento particular, sea en el ámbito profesional, deportivo, artístico, social o intelectual... Desplegar nuestras capacidades, innatas o adquiridas, desarrollar nuestras cualidades y nuestras competencias, realizar lo que mejor se nos da, son excelentes formas de procurar un sentido a nuestras vidas.

• **Seguir nuestras aspiraciones**

Nuestras ideas, nuestros gustos, nuestros deseos y nuestros sueños son la expresión misma de lo que somos, de nuestra identidad. Escuchar nuestra pequeña voz interior, dejarnos guiar por lo que sentimos, expresar plenamente nuestra personalidad o ir hacia lo que nos atrae contribuye igualmente a dar sentido a nuestras vidas.

Tienes razón, si esa es tu vía, ¡síguela!

## • Amar

Impulso dinámico orientado hacia los demás y hacia el mundo, el amor se revela como la «esencia» de nuestra existencia. Sin amor, la vida no tiene sentido. Nuestra individualidad adquiere precisamente todo su sentido a través de la mirada de los otros, de los vínculos que tejemos y de los sentimientos que nos unen.

## • Ir a lo esencial

Concentrarse en lo principal, liberarse de lo superfluo, de lo que nos pesa, de lo que nos impide avanzar y dirigir nuestra atención hacia lo importante o verdaderamente útil es indispensable para dar sentido a lo que vivimos y a lo que somos.

## • Desarrollar nuestro espíritu

Si permanecemos aislados del mundo, de los demás, de la realidad, no podemos existir. El sentido de la vida está íntimamente ligado a la conciencia que tenemos de nosotros mismos y de la vida en general. Elevarse, desarrollar la propia espiritualidad, aprender, ser curioso, disfrutar, alegrarse, compartir, abrirse al mundo, es dar forma y sentido a la «realidad».

## ¡Te toca a tí!

Une los puntos más abajo y descubre quién te permitirá de dar verdaderamente sentido a tu vida.

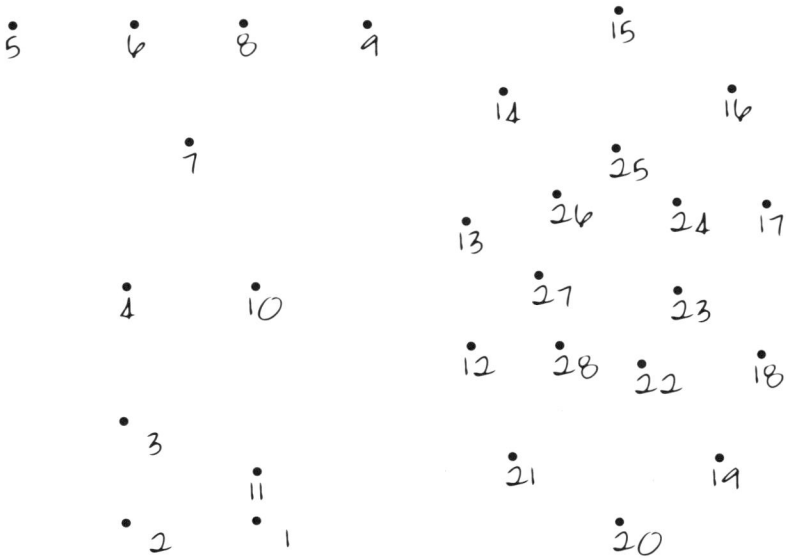

5      6      8      9         15

                         14        16

7                      25

                     26     24  17
                13

4       10          27     23

                12    28  22   18

3
                     21        19
      11
2      1                20

# Dar un sentido a la vida no significa forzosamente...

• **¡Dejarlo todo!**

Irse a vivir a una isla del Pacífico, mandar a paseo el trío metro-trabajo-cama, abandonar la familia y empezar una nueva vida... No hallaremos las respuestas en «otra parte», dejándolo todo. Las respuestas están aquí, en nosotros. En cambio, esto nos llevará quizás hacia otros horizontes, otras culturas, otros mundos...

• **¡Cambiar!**

Lo cual puede significar sencillamente mirar de otra manera las cosas, lo que vivimos, nuestras relaciones, encontrar de nuevo un sentimiento de libertad, de autenticidad... No seremos nosotros mismos a base de convertirnos en otra persona...

• **¡Hacer «como tiene que ser»!**

No hallaremos forzosamente nuestro camino lanzándonos en una actividad artística o creativa, obrando por una causa humanitaria, militando políticamente o tratando de superar los límites más extremos. ¡Seamos nosotros mismos y, sobre todo, hagamos lo que de verdad deseamos y aquello para lo cual estamos hechos!

• **¡Tener éxito!**

Tener un trabajo apasionante, ganarse bien la vida... ¿Cuántos hombres y mujeres, por muy brillantes que sean, tienen sin embargo el sentimiento de que sus vidas se les escapan? El éxito material y social no nos llevan forzosamente a la realización personal. Tan sólo el orgullo de haber realizado «nuestro» cometido, sea cual sea, da sentido a nuestra existencia.

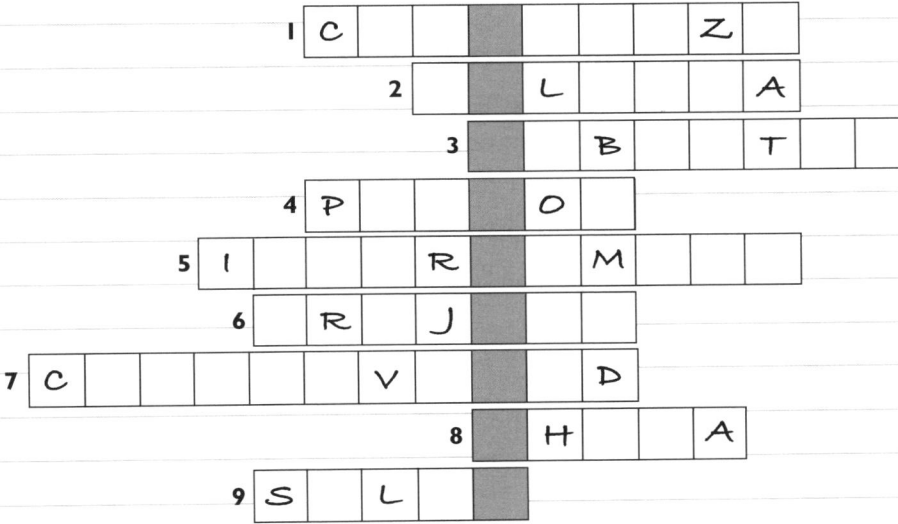

# ¡Te toca a ti!

¡Rellena el esquema a continuación con ayuda de las definiciones y descubre adónde lleva una vida rica en sentido!

```
1  C _ _ ▓ _ _ _ Z _
2    _ ▓ L _ _ A
3      ▓ _ B _ T _ _
4  P _ _ ▓ O _ _
5  I _ _ R ▓ M _ _ _
6    R _ J ▓ _ _ _
7  C _ _ _ _ V _ ▓ _ D _
8        ▓ H _ _ A
9  S _ L _ ▓
```

## La palabra misteriosa:— — — — — — — —

1. Soy un estado que permite ver con serenidad el futuro y me alimento de autoestima.
2. Tengo todas las formas, todos los colores y estoy en cualquier cosa por poco que se me mire.
3. Por mí se lucha y al final se vence.
4. Roja, soy la llama que quema, calienta los corazones y anima a los seres.

5. Soy lo que me vincula a los demás, al mundo, a la realidad.
6. Soy un espejo, una mirada en la cual todos se reencuentran.
7. Soy un medio de expresión, en el que se sustenta el arte y que recurre a la imaginación.
8. No soy ni antes ni después.
9. Si no me tenéis, debéis recuperarme.

1. confianza; 2. belleza; 3. libertad; 4. pasión; 5. intercambio; 6. prójimo; 7. creatividad; 8. ahora; 9. salud. La palabra misteriosa: felicidad.

**17**

# Capítulo II

# Cuando todo pierde sentido...

Rara vez nos tomamos el tiempo de reflexionar sobre nuestros actos y es a menudo un acontecimiento dramático que nos impacta como un electrochoque lo que nos fuerza a reconsiderar el sentido que damos a nuestra vida. No obstante, pasamos también por diversas fases en el transcurso de nuestra vida que nos incitan a reflexionar, incluso a cambiar de rumbo.

# Los golpes duros

## • Caer para levantarse con más fuerza

Las grandes pruebas por las que pasamos modifican a menudo radicalmente nuestra manera de percibir la vida. Nos damos cuenta de que existimos sobre todo a través de bienes materiales, de que nos perdemos en detalles inútiles o de que no prestamos suficiente atención a los demás. Desatendemos nuestro cuerpo, nuestra salud y, por extensión, nos desatendemos a nosotros mismos, so pretexto de diversas obligaciones. Vivimos en el exceso, sea cual sea, y damos por descontado que poseemos el mundo.

Cuando una prueba se cruza en nuestro camino, nos encontramos frente a nosotros mismos, a nuestra realidad; por muy dolorosos que sean, los golpes duros constituyen también una ocasión única para dar, al fin, un sentido a nuestras vidas.

«Lo que no queremos saber de nosotros mismos acaba aconteciendo desde el exterior, como un destino.»

**Carl Jung**

## • Una toma de conciencia

Ante una enfermedad grave, un hándicap repentino o la pérdida de un ser querido, pasamos por distintas fases que nos acercan al sentido mismo de la existencia. Tras los remordimientos, acompañados de los clásicos «si lo hubiese sabido», «si hubiese podido», «si tan sólo..», se presentan los sentimientos como la cólera, la amargura, la envidia, la tristeza. Luego viene la aceptación y finalmente la renuncia. Reconsideramos entonces nuestros valores, aprovechamos mejor cuanto se nos ofrece, adquirimos conciencia de lo que somos y nos fijamos en lo esencial.

¿Pero que tratas de decirme, pobre Eduardo mío?

«Por muy alejado que esté el instante de la muerte del nacimiento, la vida es siempre demasiado corta cuando este espacio no se llena bien.»
Jean-Jacques Rousseau

El rincón del psicólogo

«Si te dijeran el tiempo preciso que te queda de vida ¿qué harías?»

El rincón del psicólogo

«Si pudieras formular un único deseo, ¿cuál sería?»

«Si pudieras volver atrás, ¿qué cambiarías?»

## Lo que nos enseñan las grandes pruebas

- **Depón las armas:** deja de enzarzarte en conflictos, a menudo irrisorios, de luchar con molinos de viento y tratar de controlarlo todo. Aprende a aceptar, a tolerar, a compartir, a recibir lo que te dan.
- **Quítate la máscara:** deja de ocultarte tras las apariencias o una personalidad, de recelar de la crítica, el juicio, la mirada de los demás. No trates de probar lo que eres y deja en cambio que se exprese tu individualidad.
- **Ve a lo esencial:** no te obsesiones con lo que te falta o lo que podrías tener. Céntrate en lo que tienes, en lo que posee un verdadero valor para ti y dedica tiempo a los demás, a tus prójimos.

# Los momentos cruciales de la vida

Nuestra vida está puntuada por grandes etapas: el inicio de la vida activa, el matrimonio, el nacimiento de un hijo, la adquisición de una propiedad inmobiliaria, la evolución de nuestra carrera, la jubilación... Pero, independientemente de estos grandes acontecimientos, también pasamos por periodos bisagra, diferentes según la edad, en el transcurso de los cuales reconsideramos nuestras elecciones, reevaluamos nuestra existencia y examinamos más atentamente nuestra vida.

«Cuando no se puede volver atrás, sólo hay que preocuparse de la mejor forma de salir adelante.»

**Paulo Coelho**

## • Del nacimiento a la adolescencia

Los primeros años de nuestra vida son generalmente felices y despreocupados, están condimentados por juegos y descubrimientos e íntimamente ligados a la célula familiar. Aprendemos, descubrimos el mundo y los demás y construimos nuestra personalidad.

## • De la adolescencia a los 25 años

La primera gran crisis «existencial» se sitúa en la adolescencia. Periodo de transición entre la infancia y la edad adulta, marcado por la contestación y el conflicto, es la etapa en el que comienza verdaderamente la independencia y en el que tratamos de afirmarnos. Entre los 20 y los 25 años, adoptamos poco a poco nuestros signos de identidad, sean profesionales, sentimentales o amistosas. Nos dedicamos a construir nuestra vida futura. Concretamos nuestros proyectos, encarando el futuro, pero todavía marcados por nuestros sueños de infancia.

### La edad de la felicidad

¿Sabías que la felicidad evoluciona en función de la edad? ¡En efecto, ciertos «decenios» son más felices que otros y el sentimiento de bienestar parece proporcional al número de años! Según un estudio del Insee,[*] todos somos más felices entre los 20 y 25 años, o a partir de los 55, que entre los 35 y 50, independientemente del sexo, del nivel de renta o de la situación matrimonial. Esto se explica en parte por el hecho de que al salir de la adolescencia o a partir de los 55 años nos encontramos en un proceso psicológico más próximo a nuestras aspiraciones.

* Instituto Nacional de la Estadística y de Estudios Económicos, en Francia.

## • La treintena

Nuestra carrera, nuestra vida familiar y nuestro quehacer cotidiano se han asentado. Pero la treintena marca un primer giro. Es la hora de un primer balance: «¿Tengo la vida que había soñado? ¿Voy por el buen camino?». Empezamos a reexaminar nuestros valores personales, a revisar la manera en que hemos organizado nuestra existencia. En busca de una cierta estabilidad, experimentamos la necesidad de planificar nuestra vida a más largo plazo.

## • La cuarentena

El segundo cabo, a menudo el más difícil de superar, es el de la «crisis del medio de la vida». Es un periodo marcada a menudo por grandes cambios: separación, reorientación profesional, adquisición importante, último hijo... Nuestra relación con el tiempo cambia. «¿He hecho bien?», «¿Me queda tiempo todavía?».

Aparecen los primeros signos físicos y empezamos a tomar conciencia de que envejecemos. La pérdida de ciertos prójimos nos induce a revisar nuestra existencia. Analizamos lo ocurrido y reevaluamos nuestras prioridades.

> Hola, me llamo Felipe. Tengo 12 años, tres casas, cuatro coches y dos Rolex. ¿Qué sentido tiene todo eso? ¡Ayúdenme!

## • La cincuentena

Volvemos a una fase más serena, más estable, incluso a una segunda vida. Sabemos quienes somos, conocemos nuestras competencias y las transmitimos a los más jóvenes. Reexaminamos el vínculo entre nuestra vida y nuestra personalidad. Asumimos nuestras elecciones, nuestro recorrido, y disfrutamos más... antes de llegar a otro momento crucial, la jubilación, a la que acompaña una simple pregunta: «¿Qué deseo hacer durante esta última parte de mi vida?».

## • La sesentena

Adquirimos definitivamente conciencia del tiempo, reajustamos lo que podemos cambiar y aceptamos el resto. Empezamos a dar muestras de una cierta sabiduría. Allanamos los conflictos; los sentimientos y las relaciones se suavizan. Nos dedicamos con mayor entrega al momento presente, a nuestros prójimos. Los proyectos se hacen a más corto plazo, pero realmente conformes con nuestros deseos.

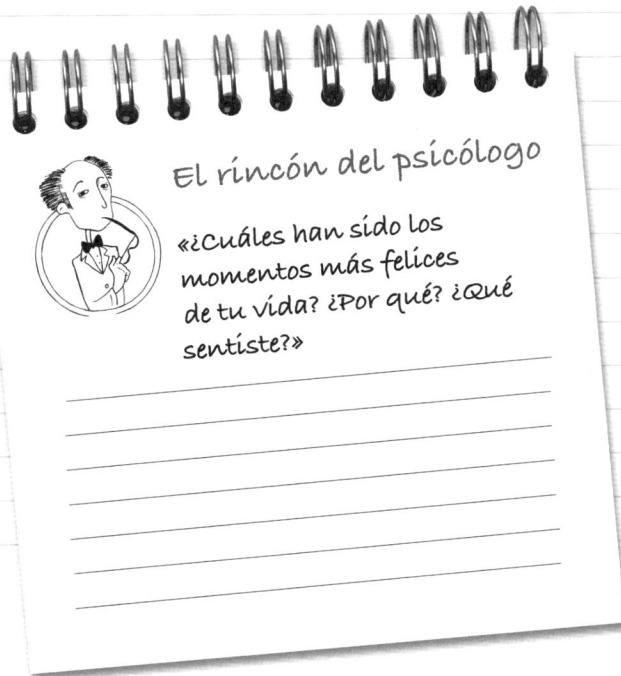

El rincón del psicólogo

«¿Cuáles han sido los momentos más felices de tu vida? ¿Por qué? ¿Qué sentiste?»

# Los signos

Ciertos signos, actitudes o sentimientos recurrentes pueden asimismo guiar nuestras elecciones e incitarnos a centrarnos de nuevo en nosotros mismos, a reexaminar nuestra vida. A veces dolorosos, a menudo penosos, pueden no obstante transformarse en una emoción positiva y convertirse en una fuerza.

## • La depresión

Verdadero quebranto psicológico, la depresión puede ser a la vez causa y efecto de una pérdida de sentido de la existencia. Causa, porque precisamente vacía la existencia de todo sentido: ausencia de deseos, de placer, pesimismo, angustias, bajada de la autoestima, de las que se deriva una incapacidad para actuar, el aislamiento y la impotencia. Pero, entre el agotamiento, la acumulación de obligaciones cotidianas y la incapacidad de decir no, la depresión puede asimismo ser consecuencia de una modo de vida que va en contra de lo que somos. Nos fuerza a detenernos, a reexaminar nuestras vivencias y a reconsiderar nuestra existencia y la manera en que percibimos y miramos el mundo.

### El lenguaje del cuerpo

Náuseas, vértigo, erupciones cutáneas, insomnio, dolores musculares, problemas digestivos... Entre angustia, estrés, emociones mal gestionadas, choque psicológico o ritmo de vida agotador, nuestro organismo va a desencadenar reacciones fisiológicas que a menudo son la expresión de un malestar que no podemos formular. «¡Estoy harto!» «No logro asimilar...» El cuerpo, a través de sus males, lanza una señal de alarma hasta constreñirnos, a veces de forma violenta.

¡no lo entiendo!
Todo va bien, sin embargo...

GRATT GRATT

GRATT
GRATT

## El rincón del psicólogo

«¿Tienes a veces la sensación de aburrirte? ¿En qué piensas en esos momentos?»

_____

_____

_____

_____

«¿Experimentas alguna vez un malestar antes de retomar el trabajo o cuando estás en sociedad, por ejemplo? ¿Qué señales te envía tu cuerpo? ¿En qué ocasión?»

_____

_____

_____

_____

## • El aburrimiento

El aburrimiento, así como la falta de entusiasmo y/o de energía, son a menudo una señal de que algo no va bien: un trabajo absorbente, competencias mal explotadas, una relación que se marchita... Lejos de ser una carga, el aburrimiento nos permite tomar conciencia de lo que no nos conviene y nos permite volver a centrarnos en lo que nos anima.

## • La frustración

Estado de insatisfacción, más o menos constante, ligado a deseos insatisfechos, un desequilibrio entre lo que queremos y lo que tenemos, la frustración es una señal evidente de que no hemos elegido correctamente y de que ha llegado la hora de escucharnos, de prestar más atención a lo que queremos, a lo que somos.

## • La cólera

A menudo ligada a una carencia o a una frustración, es una reacción frente a la injusticia o la impotencia. Solapada e interior, o bien violenta y súbita, debe inducirnos a reconsiderar nuestras expectativas, a responsabilizarnos ante lo que vivimos, sin acusar a los demás o a un acontecimiento.

## • La indiferencia

Al contrario de las emociones, la indiferencia, así como la insensibilidad o la superficialidad, marcan una ausencia total de interés, de sentimientos. Estas formas de ser son un «sinsentido» para la existencia y deben incitarnos a reexaminar lo que sentimos, lo que nos conmueve, tanto en el plano emocional como al nivel de nuestra vida cotidiana.

- **La melancolía, la tristeza, el pesimismo**

Signos anunciadores del aburrimiento o de la depresión, son asimismo consecuencia de una pérdida de sentido de la existencia, de un pasado doloroso que no hemos logrado asimilar, de un porvenir nebuloso e incierto que nos espanta y de un presente cuya quintaesencia no logramos captar.

# Capítulo III

# ¡Encuentra tu camino!

**Para poder dar un sentido a la vida, resulta indispensable conocerse a sí mismo, descubrir lo que se es realmente y aprender a sentir, con el fin de saber verdaderamente dónde, cómo... ¡y con quién proseguir nuestro camino!**

Dime, dime, quién soy realmente...

# La respuesta está en nosotros

Si los lazos que nos unen a nuestro entorno y los intercambios que llevamos a cabo con el mundo exterior contribuyen a dar sentido a nuestra existencia, el verdadero «motor» se encuentra en el interior de nosotros mismos. Nosotros somos su fuente, su origen.

## Las 5 etapas

Para ello, resulta indispensable pasar por 5 etapas, indisociables unas de otras. Están relacionadas con el conocimiento de sí mismo, la autoestima, la realización personal, la autoafirmación y la naturaleza de los vínculos que nos unen a los demás y al mundo. Implican asimismo liberarse de las cargas que nos lastran y de los frenos que nos retienen.

## Las 5 preguntas esenciales

- ¿Quién soy?
- ¿Estoy en mi lugar?
- ¿Voy a lo esencial?
- ¿Estoy de acuerdo conmigo mismo?
- ¿Aporto algo al mundo?

# Conocerse y reconocerse

Dar un sentido a nuestra vida consiste primero en conocernos y reconocernos en tanto que individuos. Saber quiénes somos, definirnos objetivamente y trazar las grandes líneas de nuestra personalidad a través de todos esos pequeños detalles que hacen que seamos alguien único son las primerísimas etapas que nos permitirán encontrar nuestro camino.

Empecemos por tomar conciencia de nuestras cualidades y de nuestros defectos, con el fin de explotar mejor las primeras y transformar las segundas en bazas. Tratemos de definir nuestros principales rasgos de carácter. ¿Somos más solitarios o más joviales, naturales o sofisticados, reflexivos o soñadores? Pensemos en los periodos difíciles o en los momentos de estrés que hemos vivido: es a menudo entonces cuando se revela nuestra verdadera identidad.

> «Para convertirse en algo y hacer algo,
> hay que ser alguien.»
> **Alexandra David-Néel**

El rincón del psicólogo

«Menciona 5 de tus cualidades y 5 de tus defectos.
¿Qué te gusta, qué detestas? ¿Qué es lo que te proporciona
seguridad o, al contrario, lo que te angustia?»

Cualidades

Defectos

lo que amo/ lo que me proporciona
seguridad

lo que detesto/lo que me angustia

# Amarse

Una vez hemos empezado a conocernos, resulta indispensable valorarnos y tener confianza en nosotros mismos. La autoestima, es decir la forma en que nos miramos a nosotros mismos, así como la confianza, ese «recurso natural» que nos permite responder con acierto y objetividad a lo que vivimos, nos guían a lo largo de toda nuestra vida, reafirman nuestras elecciones y nos sustentan en el día a día.

Amarse es creer en nuestras competencias, velar por nosotros mismos, cuidar nuestra apariencia y felicitarnos. Es convertirnos en nuestro «mejor amigo»: aquel con quien podemos contar, que nos permite retomar fuerzas, enfrentarnos al cambio y adaptarnos a lo que vivimos.

El rincón del psicólogo

«¿Cuáles son tus mayores éxitos? ¿De qué te sientes orgulloso? ¿Por qué?»

## ¡Te toca a tí!

Evalúa, sobre una escala del 1 al 10, indicando 10 mayor fuerza, las afirmaciones siguientes:

**A. Me siento bien conmigo mismo y me gusta lo que soy, mi apariencia.**

1    2    3    4    5    6    7    8    9    10

**B. Me acerco con facilidad a los demás y me siento bien en grupo.**

1    2    3    4    5    6    7    8    9    10

**C. De manera general, estoy orgulloso de lo que hago.**

1    2    3    4    5    6    7    8    9    10

**D. Tomo iniciativas y soy capaz de enfrentarme a retos.**

1    2    3    4    5    6    7    8    9    10

**E. Soy consciente de mis competencias, de mis cualidades.**

1    2    3    4    5    6    7    8    9    10

# Media:    /10

La autoestima es una de las bases de la confianza en sí mismo... Si obtienes una media de entre 2 y 5, comienza por aceptarte y valorarte y desarrolla la confianza en tí mismo. Como consecuencia de ello, tu ruta se te mostrará con toda naturalidad.

¡Ya está, una buena protección contra los bajones!

CONFIANZA

AUTOESTIMA

# Realizarse

- ## Dar forma a lo que somos

Conocerse, valorarse, creer en nuestras competencias, ser conscientes de
nuestras cualidades así como de nuestros defectos permite acceder a la tercera
etapa que contribuye a dar sentido a la vida: la realización personal. Realizarse
es dar «forma» a lo que somos, creer en nosotros, ir hacia lo que se nos parece
y lo que amamos, saber de qué somos capaces...

- ## Tener proyectos y objetivos

Dar un sentido a la vida implica tener proyectos, fijarse objetivos, accesibles y
realistas, y alcanzar los fines que nos hemos propuesto. Imaginemos la vida que
deseamos vivir, expresémonos, desarrollemos y enriquezcamos lo que somos,
vayamos hacia lo que nos motiva. Hagamos valer nuestras competencias,
seamos conscientes de nuestros recursos personales, de nuestro potencial...

# Realizar nuestros sueños

Tener proyectos, sean cuales sean, está bien. Realizarlos, dar forma a algo importante para nosotros, es aún mejor. Exige una cierta motivación (el deseo), trabajo (la acción)... y un poco de método:

- **Define tu proyecto:** piensa en lo que quieres. ¡Es tu objetivo, no el de otro! Sé preciso, evita los proyectos que dependen demasiado de elementos exteriores e implícate, utilizando frases que empiecen por «yo».

- **Estudia tu proyecto:** tu proyecto debe adecuarse a tus competencias, tu personalidad, tus aspiraciones... Analiza lo que necesitas, en términos de tiempo y de recursos. Sopesa los riesgos, evalúa los pros y los contras, los eventuales sacrificios...

- **Planifica tu proyecto:** divide tu objetivo en diversas etapas, planifícalas con precisión y prevé puntos de control para hacer el seguimiento del progreso de tus proyectos, rectificar el tiro o adaptar tu objetivo en función de tu situación.

- **Proyéctate:** escenifica tu proyecto, figúrate lo que podrías sentir, lo que te aportará el objetivo logrado. Y, sobre todo, imagínate consiguiendo el «éxito»!

# Ser uno mismo

Una de las últimas etapas indispensables para dar sentido a nuestra existencia es atreverse a ser nosotros mismos, ser «verdaderos». Consiste en afirmarnos, es decir, en elegir, seguir nuestros deseos, expresar nuestras ideas y actuar de manera coherente con nuestra personalidad. A veces hay que armarse de valor para confrontarse a lo que desean nuestros prójimos o para tomar atajos. También hay que saber decir no para permanecer en acuerdo con lo que somos. Esta etapa reviste una dimensión más espiritual. Ser nosotros mismos es también seguir nuestras aspiraciones, nuestras convicciones profundas, tener un ideal, escuchar nuestra pequeña voz interior, la que nos indica la ruta que seguir. Es «construir nuestro mundo», a nuestra manera.

## ¡Afírmate!

- **Comunica:** di lo que piensas o lo que sientes y da tu opinión. Comparte tus gustos, tus deseos, tus ganas...

- **Enderézate:** mantente derecho, mira a tu interlocutor a los ojos, estrecha la mano con franqueza, habla con voz pausada, mira con firmeza, hazte valer y... ¡sonríe!

- **Aprende a decir no:** atrévete a salir de los caminos trillados, a defender tu punto de vista, lo que te importa, y rechaza, educada y objetivamente, lo que no te conviene.

- **Actúa:** muévete, anticípate y prioriza la acción sobre la reacción.

## ¡Te toca a tí!

¡Pega tu foto sobre el cartel
y escribe tu biografía!

### El rincón
### del psicólogo

«Cuéntate, preséntate,
escenifícate.»

*El Fabuloso Destino de*

# Pertenecer

## • Dar y recibir

La última etapa que lleva al conocimiento de sí mismo es el sentimiento de pertenencia. Sentirse pertenecer a una familia, a los allegados, a una red de conocidos, así como a un sector profesional, una ciudad, una sociedad, un país... Este sentimiento de pertenencia se expresa esencialmente a través de los contactos y la naturaleza de los intercambios que tenemos con el mundo exterior, los lazos y los sentimientos que nos unen a los demás, las emociones... y los sentidos. Pertenecer al mundo es también abrirse a los demás, dar y recibir. Lo cual precisa ante todo ser libre y autónomo, es decir pasar de un estado de dependencia a un estado de interdependencia, en el cual somos entonces verdaderamente aptos para intercambiar, comunicar y comulgar.

¡¡FELIZ CUMPLEAÑOS!!

- **Ser autónomo**

La autonomía pasa por 4 fases, que podemos observar asimismo en todos los ámbitos de la vida, sea en el transcurso de la infancia, en el trabajo, en nuestras relaciones y ante la vida en general:

✦ **La fase de dependencia:** somos uno con el objeto exterior y somos indisociables de este, totalmente «dependientes». Somos pasivos, aceptamos y seguimos al otro. El sentimiento dominante es el miedo.

✦ **La fase de contradependencia:** empezamos a oponernos y rechazamos ese objeto tal cual es. Este es el caso, por ejemplo, del famoso periodo del no en el niño. Somos negativos, agresivos, incluso coléricos. En nuestras relaciones predomina el conflicto.

✦ **La fase de independencia:** nos distanciamos y tratamos de diferenciarnos del objeto en cuestión. En el niño, esta fase corresponde al periodo durante el cual trata de hacer las cosas por sí solo. Somos distantes, indiferentes y tratamos de probar lo que somos.

✦ **La fase de interdependencia:** hemos puesto a prueba nuestros límites y definido los contornos exteriores, y volvemos, pertrechados con estas enseñanzas, hacia el «objeto» del que dependíamos. Somos curiosos, abiertos, receptivos, atentos, respetuosos con los demás y con el mundo que nos rodea. Es aquí donde empieza el verdadero intercambio, la apertura hacia el mundo y hacia los demás.

# Liberarse de los frenos

Conocerse, valorarse, realizarse, ser uno mismo y, finalmente, abrirse a los demás y al mundo es también deshacerse de todo lo que nos encierra en un rol que no es el nuestro. Para dar sentido a nuestras vidas, es importante tomar conciencia de lo que nos impide avanzar: los pensamientos automáticos y las creencias personales, los miedos o las actitudes que alimentan una baja autoestima, nos encadenan al pasado o nos hacen temer el futuro y que son otros tantos frenos a la expresión de nuestra naturaleza profunda.

## • Las creencias personales

Consideradas como modelos de conducta, estas «ideas preconcebidas», a menudo fruto de una especie de sentido común colectivo, nos obligan a seguir reglas subjetivas y a respetar ciertos principios que van a veces en contra de lo que realmente somos.

## • Los pensamientos automáticos

Son una especie de monólogo interior que condiciona la manera en que percibimos e interpretamos «la realidad». Negativos y desvalorizantes, estos pensamientos están profundamente anclados en nuestro inconsciente y alimentan el miedo y la falta de confianza en sí mismo.

## • La dependencia

Vinculada, entre otras cosas, a las heridas que arrastramos desde la infancia, al miedo a ser juzgados o a ser nosotros mismos, a la culpabilidad o a la ansiedad, la dependencia, sea física, material o afectiva, nos obliga a vivir a través de algo, alguien o una situación.

## • La soledad

La soledad, sea voluntaria o padecida, nos priva de un componente indispensable para la construcción y la expresión de nuestra personalidad: los otros. Existimos a través de la mirada de los otros y de los intercambios con el mundo.

## ¡Te toca a tí!

Anota las creencias personales, los pensamientos automáticos y las actitudes que te frenan y te impiden ser tú mismo. A continuación, ¡déjalas que salgan volando!

# ¿Qué sentido le das a tu vida?

**❶ Tu divisa sería**

✿ La vida es corta, ¡disfrutémosla!

♥ ¡Quien se procura los medios llega a los fines!

○ ¡Cuando hay para uno, hay para dos!

**❷ La casa de tus sueños se parecería más bien a:**

♥ Una mansión lujosa en una costa de moda.

✿ Un *bungalow* aislado en una playa de arena fina.

○ Una encantadora casa de campo, cálida y acogedora.

**❸ Tu pausa para almorzar se suele resumir en:**

♥ ¡Una formalidad! Comes a toda prisa un tentempié antes de retomar tus actividades.

○ Un momento de convivencia. Aprovechas para encontrarte con tus amigos.

✿ ¡Un momento de placer! ¡Clase de gimnasia, pausa relax o menú descubrimiento gastronómico, según el día!

**❹ Este fin de semana, estás de humor sombrío...**

♥ ¡Viva el lunes para volver a sumergirte en tus expedientes!

✿ Te quedas en casa, buscando la paz, y aprovechas para recargar las pilas.

○ Quedas con amigos para cambiarte las ideas.

**❺ Una estrella fugaz...¡formula un deseo!**

✿ «Espero ser siempre feliz.»

○ «Espero estar siempre rodeado de gente.»

♥ «Espero que nunca me falte de nada.»

**6** Te proponen un puesto de trabajo interesante, pero que exige mucha implicación personal:

♥ ¡Soñabas con ello! ¡Aceptas inmediatamente, aun a riesgo de tener que hacer algunos sacrificios!

◯ Prefieres rechazar porque tu vida familiar es lo primero.

✿ No te interesa. Prefieres tener tiempo para ti...

**7** Tienes que ordenar sin falta tus fotos:

✿ Guardas tus fotos de viaje.

♥ Conservas los recuerdos de los momentos clave de tu vida.

◯ Das preferencia a las fotos de familia y de veladas con amigos.

**8** ¡Ganas 30.000 euros!

♥ Abres tu propio negocio.

◯ Donas parte de los fondos a asociaciones.

✿ Te tomas un año sabático.

**9** En una asociación, serías más bien:

✿ El responsable de comunicación, para estar sobre el terreno.

◯ Mediador, para ayudar a personas en dificultades.

♥ Presidente, para tener el control de los asuntos.

**10** En la autopista, eres testigo de un grave accidente de tráfico...

◯ Piensas inmediatamente en los familiares de las víctimas.

♥ Piensas sobre todo en las repercusiones del accidente sobre el tráfico.

✿ Levantas el pie y te detienes en la próxima área de servicio para respirar un poco.

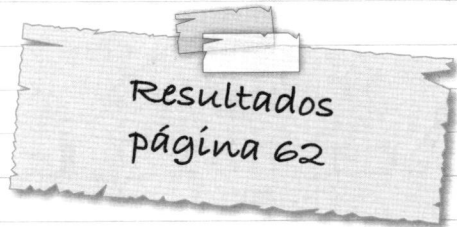

Resultados página 62

# Capítulo IV

# ¿Cómo dar un sentido a la vida?

Volver a la fuente, ir a lo esencial, apasionarse con todo, redescubrir los sentidos... Existe todo tipo de pequeños trucos que, independientemente del camino interior que lleva al conocimiento de sí mismo, nos permiten dar un sentido a lo que vivimos.

«Ya es hora de vivir la vida que has imaginado.»

**Henry James**

# Vive aquí y ahora

Lo que deberíamos haber hecho, lo que debemos hacer... ¡Basta! Divididos entre el pasado y el futuro, pensamos muy pocas veces en el momento presente. Dejemos de preocuparnos de lo pretérito o de lo que todavía no ha acontecido y disfrutemos plenamente cada instante.

✦ **Pasa página:** no dejes que el pasado invada el presente. Considéralo como una experiencia, una enseñanza.

✦ **No pienses en mañana:** vuelve a dirigir tus pensamientos hacia el momento en que te encuentras. Es el día de hoy lo que te conducirá al día de mañana.

✦ **Concéntrate en el presente:** sitúate aquí y ahora. Demórate en lo que ves, oyes o sientes, y vive plenamente el momento.

> «Ayer es historia, mañana es un misterio, hoy es un regalo.»
>
> **Eleanor Roosevelt**

# Volver a la fuente

Volver a la fuente es retornar a las raíces, reencontrarse. Es un proceso que pasa obligatoriamente por momentos de calma, de bienestar y de placer, a resguardo de las imposiciones y del ajetreo cotidiano. Puede llevarse a cabo a través de una actividad, deportiva o cultural, evadiéndonos en la naturaleza o disfrutando de un momento particular del día... Concédete una pequeña escapada en tu «jardín secreto», un lugar, real o imaginario, que tan sólo te pertenece a ti y en el cual cultivas tu naturaleza profunda.

Pega aquí una imagen que te serene, que te permita volver a la fuente o que represente «la felicidad» (una actividad, un paisaje, un lugar particular...).

# Respira

Mecánica e inconsciente, la respiración posee sin embargo multitud de virtudes. Nos permite anclarnos en el presente, dejarnos llevar, volver a centrar nuestra atención en nosotros mismos, evacuar la presión, reducir el estrés... Es también una etapa indispensable para la meditación... Entre dos estaciones, en los atascos, en la ducha, en la oficina, en casa, adquiere consciencia de tu respiración, del soplo de vida que te anima...¡y respira!

## ¡Te toca a ti!

Haz pausas «respiración» de 3 a 5 minutos, 3 veces al día, durante las cuales te concentrarás únicamente en el aire que circula en tus pulmones:

1. Inspira profundamente por la nariz, empezando por el vientre.

2. Continúa inspirando profundamente y siente el aire que hincha tu caja torácica.

3. Continúa con la parte superior de tus pulmones, justo debajo de las clavículas.

4. Haz una corta pausa y piensa únicamente en el volumen de aire que acabas de inspirar.

5. Espira lentamente, por la nariz o por la boca, vaciando la parte superior de tus pulmones, luego la parte situada en medio de la caja torácica y al final la inferior, a nivel del vientre. Vacía tu mente al tiempo que espiras y concéntrate en este movimiento.

6. Haz una corta pausa y vuelve a empezar, tres veces seguidas.

# Cambia tu forma de mirar el mundo

Tenemos a menudo tendencia a buscar en otra parte lo que tenemos al alcance de la mano... ¿Cómo darle sentido a la vida si no prestamos nunca atención a lo que vivimos, si actuamos de forma mecánica, como robots, arrastrados por nuestro quehacer cotidiano y nuestras costumbres? Cambia tu forma de ver el mundo, toma otros caminos y mira el día a día desde otro ángulo, poniéndote en el lugar de un extranjero...¡o de un objeto! ¡Aprende de nuevo a mirar!

¡Te toca a tí!

¡Tan sólo se ve lo que uno quiere ver! Descubre lo que oculta la figura a continuación.

Solución: un árbol o una nube atómica

> «No es luz lo que falta para que miremos, es nuestra mirada la que carece de luz.»
>
> **Gustave Thibon**

### Explora tu quehacer cotidiano

¿Cómo viajas? ¿Qué es lo más importante: llegar cuanto antes a tu destino o tomarte el tiempo de disfrutar el trayecto? Dar un sentido a la vida es viajar a través del tiempo y del espacio, al igual que un explorador, en busca de nuevos lugares y nuevos encuentros. Sé curioso, enriquécete (intelectualmente, claro). Tómate el tiempo de descubrir y de mirar el mundo que te rodea, con el fin de saborear todas las riquezas, toda la singularidad, y de atrapar las sorpresas que te depara.

Oye, ¿no crees que sería hora de explorar nuestro día a día, ahora que has explorado tu diario?

EL NOTICIERO

## Dejarse llevar

Lejos de ser sinónimo de renuncia, dejarse llevar significa, entre otras cosas, «liberarse». Liberarse del peso de los sentimientos negativos, de las creencias que nos frenan, de las heridas que arrastramos desde la infancia. Dejarse llevar es también aceptar lo que no se puede cambiar, aceptarse, aceptar al otro y perdonar. Déjate llevar y no quieras controlarlo todo.

> «Si la luna está a tu vera, no prestes atención a las estrellas.»
>
> **Proverbio popular árabe**

## Simplifícate la vida

Anegados bajo multitud de objetos y de pensamientos, a fuerza de correr tras el tiempo y todo tipo de nimiedades, a menudo nos olvidamos de lo esencial. Deshazte de lo que te agobia, deja de acumular, apilar o multiplicar, intentando poseer cada vez más cosas. Concéntrate más bien en lo que cuenta, en lo que es verdaderamente importante. ¡Organízate para dejar sitio a lo imprevisto, depura tu interior, tanto en sentido literal como figurado, y cultiva la sencillez!

## ¡Te toca a tí!

¡Pon orden! Si tuvieras que llevarte tan sólo 5 objetos, ¿cuáles serían?
¿Por qué?

1. _____
2. _____
3. _____
4. _____
5. _____

# Redescubre tus sentidos

Escuchar, sentir, ver, saborear, tocar... Si nos gusta redescubrir nuestros sentidos durante las vacaciones, por ejemplo, a menudo los ignoramos en nuestro día a día y no nos tomamos nunca el tiempo de prestarles atención. Sin embargo, nos permiten percibir el mundo exterior, nos vinculan a él y dan «cuerpo» a lo que vivimos. Anda descalzo, déjate llevar por los perfumes, escucha los ruidos, mira, percibe, degusta, escucha, saborea... Redescubrir los sentidos es sentirse vivo, aprovechar todo lo que el mundo y la naturaleza nos ofrecen y aceptar que nos guíen nuestras emociones.

## Sé receptivo

- **El lenguaje del cuerpo:** escúchate y aprende a descifrar los mensajes que tu cuerpo te envía. Al contrario de la mente, el cuerpo no miente... Muchas reacciones físicas, o incluso dolores, tienen un significado.
- **Los signos:** presta atención a los «signos», esos pequeños guiños del destino, a veces totalmente anodinos. Un encuentro inesperado, un detalle o un acto fallido son a menudo portadores de mucho sentido.
- **Los sueños:** son la expresión en imágenes de lo que eres, de lo que te apetece, y a menudo están en el origen de numerosos proyectos vitales. Préstales atención y trata de descubrir su significado oculto.
- **La intuición:** escucha tu pequeña voz interior, déjate guiar por tu intuición, tus sensaciones. ¡Y desarrolla tu sexto sentido!

¡Te toca a ti!

¿Qué sientes al leer estas palabras? ¿Qué emociones suscitan en ti?

El sabor de una pera:

Tu perfume favorito:

El ruido de las olas:

Un arco iris:

¡Todo va bien, soy zen, redescubro mis sentidos!

¡AAAAAA!

# ¡Adopta la «actitud positiva»!

La actitud que adoptamos ante la vida es, en sí, una manera de expresarnos, y nuestra postura es a menudo mucho más explícita que nuestras palabras. ¿Cómo quieres hallar tu camino mirándote los pies, con los ojos perdidos en el vacío y con mala cara? ¡Dar un sentido a la vida es estar a gusto con nuestra mente y nuestro cuerpo, mostrar una actitud positiva, abierta, dinámica y sonriente!

✦ **Cuida tu apariencia:** adopta un look que te favorezca y con el cual te sientas bien.

✦ **Enderézate:** camina con la cabeza erguida, con garbo, y mira con resolución hacia delante. Ocupa tu espacio y sé presente.

✦ **Di «gracias»:** dale las gracias a los colegas, a tu cónyuge, a tus hijos, a la portera, a un desconocido... Es una forma excelente de tomar conciencia de lo que te ofrecen.

# Da

Porque no damos cualquier cosa, de cualquier manera y a cualquier persona, este impulso espontáneo y sincero es a menudo... muy revelador. Una sonrisa, unas palabras de aliento, un consejo, un momento sacado de una agenda sobrecargada o las competencias que ofrecemos a través de una actividad son otras tantas formas de dar un sentido a la vida, de intercambiar con los demás y de cosechar a cambio sentimientos positivos.

El rincón del psicólogo

«Si ganaras una suma muy importante de dinero, ¿qué harías con ella?»

_____

_____

_____

_____

«Si tuvieras más tiempo, ¿a qué lo dedicarías?»

_____

_____

_____

_____

# Actúa

La acción y el movimiento están en la base de todo y de la vida misma. Si bien los periodos de reflexión y de introspección son indispensables para avanzar, no reemplazan nunca la acción. Se hace camino al andar, se descubren nuevas rutas al actuar, se dibujan los contornos de la vida al probar, al volver a empezar, al rectificar los errores, al tomar decisiones y al abrirse al mundo. Actuar, moverse, es vivir a diario.

✦ **No aplaces hasta mañana:** tómate el tiempo de hacer lo que debas hacer, de cumplir lo mejor posible con lo que te incumbe en el día a día. Esto es asimismo una excelente forma de adquirir confianza, de sentir satisfacción por haber llevado a cabo una misión y de dejar lugar a algo nuevo.

✦ **Desahógate:** exprésate físicamente, muévete y practica una actividad deportiva. El ejercicio físico desata las tensiones, libera los movimientos, nos ayuda a percibir nuestros límites y nuestras capacidades. El deporte permite asimismo soltar lastre, respirar, oxigenarse, estar presente y sentirse a gusto con el propio cuerpo.

«Lo que queremos hacer, lo descubrimos
haciéndolo.»

**Alain (*Con Balzac*)**

¡uno!
¡Dos!
¡uno!
¡Dos!
¡uno!
¡Dos!

## ¡Te toca a tí!

¿Qué te gustaría hacer?

Dentro de 5 minutos: _____

Dentro de 5 días: _____

Dentro de 5 meses: _____

Dentro de 5 años: _____

# Después...

Chloé lo tiene todo para ser feliz... Esta brillante encargada de la clientela ha aprovechado el traslado de su marido para cambiar su rumbo profesional y privilegiar lo que siempre le ha gustado hacer: buscar gangas en los encantes, restaurar y decorar.

Hasta entonces, se había obstinado en construir su vida tal como se la imaginaba y tal como su entorno se lo dictaba: estudios superiores para acceder, más tarde, a un puesto de responsabilidad que le permitiera ofrecerse la clase de vida que había conocido siendo niña... Pero, en lo más hondo de sí misma, lamentaba cada vez más haber aparcado su pasión. Entonces, cuando le propusieron dirigir una nueva agencia, Chloé rechazó la oferta. Esta mudanza a la provincia ha sido para ella la ocasión de acometer un giro de 180 grados y de hacer, por fin, lo que le gustaba. Se acabaron los trajes ajustados, las citas formales, el baile de niñeras y su pequeña vida rigurosamente planificada...

De un tiempo a esta parte, cuando no visita las residencias colindantes, en busca de piezas para restaurar, le da el último toque a sus creaciones en su taller. Ahora puede ir cada día a buscar a sus hijos a la escuela. A veces es difícil: trabaja hasta tarde, debe rebajar los precios, procurar no salirse del presupuesto... Pero sus ojos centellean y tiene energía para dar y regalar... Hoy, Chloé está encantada: ¡inaugura su tienda!

# Resultados del test
## «¿Qué sentido le das a tu vida?»

### Tienes una mayoría de ◯:
### lo esencial es compartir

Necesitas estar rodeado, amar y sentirte amado. El otro es indispensable para tu bienestar y tu vida sólo tiene sentido cuando la compartes con los que amas. Optimista por naturaleza, eres sociable y comunicativo y mantienes vínculos muy fuertes con las personas que te rodean. Necesitas sentirte indispensable y no dudas en hacer pasar los demás antes que tú. Sin embargo no olvides preservarte. Escúchate más para expresar tú también tus deseos y tus apetencias.

### Tienes una mayoría de ✿:
### lo esencial es realizarte personalmente

¡No estás aquí para aburrirte y funcionas sobre todo a nivel afectivo y pasional! Curioso por naturaleza, te gusta salir en busca de nuevos horizontes, sean cuales sean, tomarte el tiempo de saborear tu existencia y, sobre todo, complacerte. Atento a tus deseos, necesitas momentos exclusivamente para ti, para cargarte de energía, lejos del ajetreo cotidiano, y dejar vagar tu mente. Intenta no obstante prestar más atención a los demás, incluso si a veces te incomoda, y trata de compartir más.

### Tienes una mayoría de ♥:
### lo esencial es tener éxito

Tu realización personal pasa esencialmente por el éxito social y afectivo. Dinámico, te gusta asumir retos, dirigir, organizar y ascender hasta las cumbres. Necesitas probar tus capacidades, estar en primer plano, ser reconocido y respetado. Tienes mucho apego a lo que posees y necesitas una seguridad material, incluso una cierta holgura. ¡Déjate llevar de vez en cuando, deja que tus emociones te invadan y cultiva asimismo tu riqueza interior, sin tener en cuenta la imagen que puedas dar!

# Síntesis

Recorta y conserva estas fichas en tu agenda.

## Dar un sentido a la vida es:

- Darle una dirección
- Darle un significado
  - haciendo fructificar tus talentos
  - siguiendo tus aspiraciones
  - volviéndote hacia los demás
  - yendo a lo esencial
  - desarrollando tu espíritu

## Para dar un sentido a la vida, hace falta:

- Conocerse
- Valorarse
- Realizarse
- Ser uno mismo
- Pertenecer

## ¡Los trucos que dan sentido!

- Vive aquí y ahora
- Vuelve a la fuente
- Respira
- Cambia tu forma de mirar el mundo
- Déjate llevar
- Simplifícate la vida
- Redescubre tus sentidos
- Adopta la «actitud positiva»
- Da
- Actúa

## Cuando todo pierde sentido...

- Depón las armas...
- Quítate la máscara
- Ve a lo esencial
- Escucha tus emociones y aprende a detectar los signos...

# Títulos publicados